OBSERVATIONS ASTRONOMIQUES

FAITES

EN DIVERS ENDROITS

DU ROYAUME.

pendant l'année 1672.

Par Monsieur CASSINI.

(4)

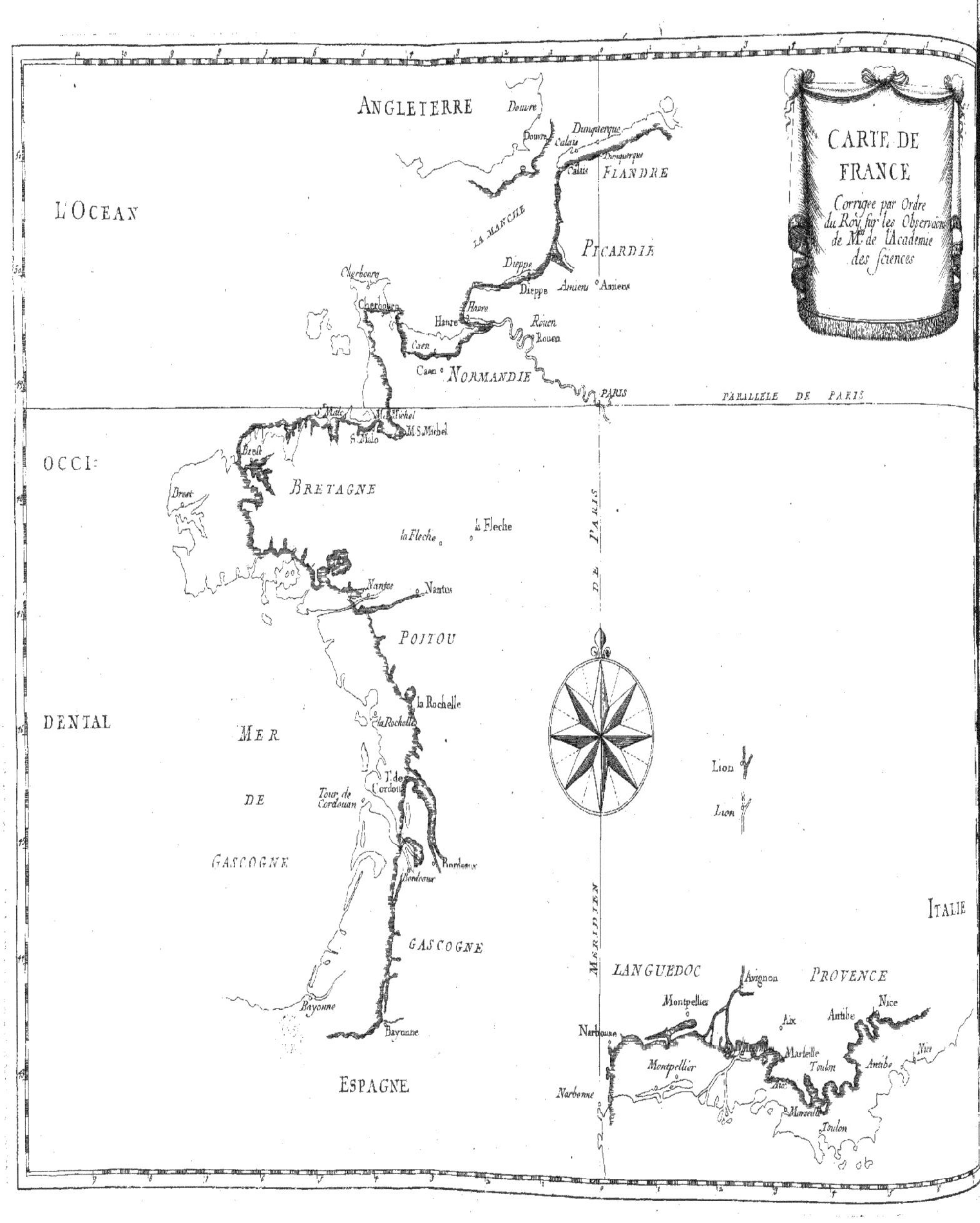
CARTE DE FRANCE
Corrigée par Ordre du Roy sur les Observations de Mrs de l'Academie des Sciences
ANGLETERRE
L'OCEAN
OCCI-
DENTAL
MER
DE
GASCOGNE
LA MANCHE
FLANDRE
PICARDIE
NORMANDIE
BRETAGNE
POITOU
GASCOGNE
LANGUEDOC
PROVENCE
ESPAGNE
ITALIE
PARALLELE DE PARIS
MERIDIEN DE PARIS
Douvre
Dunquerque
Calais
Dieppe
Amiens
Cherbourg
Haure
Rouen
Caen
PARIS
S. Malo
M. S. Michel
Brest
la Fleche
Nantes
la Rochelle
Tour de Cordouan
Bordeaux
Bayonne
Lion
Avignon
Montpellier
Narbonne
Aix
Marseille
Toulon
Antibe
Nice

OBSERVATIONS ASTRONOMIQUES FAITES EN DIVERS ENDROITS DU ROYAUME.

AU mois de Septembre de l'année 1672. estant appellé en Provence pour des affaires pressantes, je ne voulus point m'éloigner de l'Observatoire, que je n'eusse auparavant achevé quelques observations tres-importantes concertées avec M. Richer, qui estoit allé par ordre du Roy, pour en faire de correspondantes en Cayenne. On travailloit de concert aux observations de Mars, qui estoit alors beaucoup plus proche de la terre, que le puisse estre aucune autre planéte au dessus de la lune, à la reserve de Venus. Et l'on jugeoit que pendant qu'il estoit dans cette situation à laquelle il ne devoit retourner qu'aprés le cours de 15 années, l'on pouvoit déterminer avec moins d'erreur sa distance de la terre qui auroit servi à connoistre aussi celles des autres planétes éloignées : la proportion de ces distances entr'elles & à l'égard de celle du soleil estant mieux connuë par les hypotheses modernes qu'à l'égard de la distance de la lune, & du diamétre de la terre.

Outre les observations concertées, dont les principales sont rapportées dans mon traité des Elemens Astronomiques ; j'en fis quantité d'autres, qui estant comparées ensemble par de nouvelles methodes, me montroient par avance ce que je devois juger des distances recherchées.

Je les trouvois si grandes, qu'à leur égard le demidiamétre de la terre, où nous prenons nos bases pour mesurer ces distances, restoit comme imperceptible ; ce que l'on voyoit par les angles des parallaxes faits à Mars, qui diminuant à mesure que les distances augmentent, se reduisoient à peu de secondes, & quelquefois à rien, & pour ainsi dire à moins que rien, puisqu'à leur place on trouvoit assez souvent des differences contraires, qui ne pouvoient naistre que de petites erreurs causées en partie par les instrumens, en partie par la constitution de l'air : & l'experience faisoit connoistre que ces petites erreurs qui sont presque inévitables dans les observations, quelque soin que l'on prenne pour les éviter, eſtoient tres-ſouvent plus grandes que les parallaxes cherchées; de ſorte que ſans une précaution extraordinaire l'on pouvoit aiſément prendre les erreurs meſmes pour des parallaxes.

Je ne voyois donc point d'autre moyen de ſurmonter ces difficultez, que par une infinité d'obſervations faites dans les temps les plus propres, pour ſuppléer par l'accord du plus grand nombre au peu d'évidence qu'elles avoient toutes ſeules. C'eſt pourquoy, quoy que j'euſſe déja fait quantité d'obſervations qui s'accordoient à peu prés enſemble à montrer que les diſtances de ces planétes ſont 17 ou 18 fois plus grandes que les Aſtronomes du ſiecle paſſé ne le ſuppoſoient; je voulus me ſervir de l'occaſion qui ſe preſentoit d'en faire encore d'autres avant mon départ, & les continuër dans mon voyage. Je me propoſay auſſi de faire en meſme temps quelques obſervations Geographiques, ayant pris à cét effet en ma compagnie M. Vivier qui eſtoit employé par ordre du Roy à travailler aux Cartes du Royaume ſous la direction de l'Académie royale des ſciences.

OBSERVATIONS DE MARS avec trois étoiles fixes dans l'eau d'Aquarius.

LE 24 Septembre 1672, ayant corrigé l'horloge par les obſervations de ce meſme jour, & par celles des jours precedens, pour déterminer la ſituation de Mars, je fis avec M. Romer les obſervations ſuivantes par un Sextans de ſix pieds de rayon pareil à celuy que M. Richer avoit porté en Cayenne.

A $10^h\ 50'\ 29''$ la premiére des trois dans l'eau d'Aquarius marquée ⸸, paſſa par le méridien. Il n'y avoit pas aſſez de temps entre cette obſervation & la ſuivante pour prendre la hauteur méridienne de cette étoile, mais on l'avoit priſe le 5 du meſme mois de Septembre de $30^d\ 19'\ 45''$

A $10^h\ 52'\ 38''$ la ſeconde & moyenne de ces étoiles paſſa par le méridien : ſa hauteur méridienne 30. 13. 55.

Elle avoit eſté obſervée le 5 Septembre de 30. 14. 0.

A 10 53 $42\frac{1}{2}$ la troiſiéme paſſa par le méridien : ſa hauteur méridienne 29. 47. 20.

A 10 56 $54\frac{1}{2}$ Mars paſſa par le méridien : ſa hauteur meridienne 30. 4. 0.

Ce dernier paſſage de Mars fut déterminé par des obſervations que l'on fit aprés avoir pris ces hauteurs; le temps qu'il falloit employer pour prendre la hauteur de la moyenne étoile n'ayant pas permis d'en uſer autrement. Voicy la difference des paſſages & des hauteurs méridiennes.

Difference

	Difference des passages.	*Difference des hauteurs.*
Entre la premiere & la seconde	0h 2′ 9″	0d 5′ 50″
Entre la seconde & la troisiéme	0. 1. 4½	0. 26. 35.
Entre la troisiéme & Mars	0. 3. 12.	0. 16. 40.
Entre la seconde & Mars	0. 4. 16½	0. 9. 55.
Entre la premiere & Mars	0. 6. 25½	0. 15. 45.

La difference du passage entre la premiere & la seconde, parut une seconde de temps plus grande que le 5 Septembre, & la difference des hauteurs de ces deux étoiles, parut 5 secondes de degré plus grande. On fit depuis d'autres observations, qui confirment celles du 5 Septembre.

Difference du passage entre la seconde & Mars.

Heures.	*Minutes.*	*Minutes.*	*Secondes.*
10.	58.	4.	16½
11.	28.	4.	15.
12.	41.	4.	14.
13.	2.	4.	13½ exacte.
13.	22.	4.	13.

Plusieurs de ces observations eurent leurs correspondantes en Cayenne.

Temps corrigé aprés le midy de Cayenne.

A 10h 48′ 42″ la premiere étoile passa par le méridien: sa hauteur méridienne le 7 Septembre	74d 12′ 40″
A 10h 50′ 51″ la seconde passa par le méridien.	
A 10h 54′ 59″ le bord occidental de Mars passa par le méridien: sa hauteur méridienne	73. 57. 10.

Difference des passages.		*Difference des hauteurs entre la premiere & Mars.*
Entre la premiere & la seconde	2′ 9″	
Entre la seconde & le bord occidental de Mars	4. 8.	
Entre la premiere & le bord occidental de Mars	6. 17.	0. 15. 30.
Mars passoit en	2.	
Donc entre la seconde & le centre de Mars	4. 9.	
A Paris entre la seconde & le centre de Mars	4. 16½	
Difference	7½	

La difference du passage entre la premiere & la seconde, fut la mesme à Paris, & en Cayenne de 2′ 9″, quoy qu'en d'autres temps elle fut observée de part & d'autre de 2′ 8″, & souvent encore en Cayenne de 2′ 10″.

La difference du passage entre la moyenne & Mars fut plus grande de 7 secondes & demie à Paris qu'en Cayenne ; & elle alloit en diminuant ; de sorte qu'en comparant les observations de ce jour avec celles des jours precedens, la diminution journaliere se trouve de 47 secondes qui est presque de 2 secondes par heure. La difference entre le méridien de Paris & celuy de Cayenne est de 3 heures, 39′, qui en raison de 47″en 24 heures prennent 7″,dont la difference du passage entre l'étoile fixe & Mars devoit diminuër à proportion entre Paris & Cayenne : ce qui s'accorde à une demi-seconde prés avec celle qui se trouve en comparant les observations faites de part & d'autre ; ainsi l'on peut dire qu'il y a un accord assez exact entre les observations méridiennes faites en ces deux lieux si éloignez.

Cependant les differences observées à Paris aprés le passage de ces astres au méridien pendant deux heures & demie, ne diminuérent pas à proportion, comme il est aisé de voir en les comparant ensemble ; & neanmoins elles devoient diminuër plus qu'à proportion des temps, à cause de la parallaxe qui devoit pousser Mars vers l'occident, & le faire avancer plus vers l'étoile fixe qui le precede. Il y a donc icy une petite difference dans les dernieres observations contre la parallaxe. On ne sçauroit l'attribuër à d'autres causes qu'à celles qui font souvent varier la distance apparente de deux étoiles fixes d'une ou de deux secondes : ce que l'on attribuë plûtost au defaut des observations qu'à aucune variation réelle.

On peut juger par là de la difficulté immense de déterminer les parallaxes & les distances des planettes au dessus de la lune : puisque les erreurs des observations faites avec beaucoup de soin, peuvent exceder les parallaxes.

Mais il y a une methode plus assurée de chercher la parallaxe de Mars par les observations des hauteurs meridiennes de ce mesme jour comparées ensemble. Nous l'avons pratiquée dans le traité des Elemens, où nous avons trouvé la parallaxe de Mars de Paris à Cayenne en ce jour là de 17 secondes de degré.

Car à Paris Mars parut plus bas que la premiere de ces étoiles de	15′ 45″
Et par les observations de Cayenne la hauteur meridienne de Mars diminuoit en 24 heures de	15.
Donc en 3 heures 29′ qui sont de Paris à Cayenne, cette bassesse dût augmenter de	2.
Et Mars au méridien de Cayenne & au parallele de Paris devoit paroistre plus bas que l'étoile de	15. 47.

Mais en Cayenne il parut plus bas que l'étoile de	15′ 30″
Donc la parallaxe de Mars d'un de ces paralleles à l'autre résulte de	17.

Le jour suivant 25 Septembre, nous obſervaſmes par les ouvertures des nuages quelque paſſage entre les étoiles d'Aquarius & Mars, qui eſtant comparées avec celles du jour precedent, nous donnerent le mouvement journalier de 41″.

Difference du paſſage entre la moyenne de trois étoiles dans l'eau d'Aquarius & Mars le 25 Septembre, à

6^h	47′	3′	43″ $\frac{1}{4}$
7.	45.	3.	40 $\frac{5}{6}$

Enfin le 28 Septembre à 11^h du ſoir nous obſervaſmes la difference du paſſage entre la moyenne & le bord ſuivant de Mars de 1′ 34″, qui eſtant comparée avec les precedentes, donne la diminution journaliere de 36″.

M. Richer obſerva le meſme jour en Cayenne à 10^h 3′ la difference du paſſage entre la meſme étoile & le bord occidental de Mars de 1′ 27″. Donc entre l'étoile & le centre de Mars elle fut de 1′ 28″, moindre qu'à Paris de 6″; car le jour precedent il avoit obſervé la difference de ces paſſages de 2′ 3″, ce qui donne auſſi la diminution journaliere de 36″, dont il eſt du à 3^h 39′, qui eſt la difference des meridiens, 5″ $\frac{1}{2}$, à une demi ſeconde prés de la difference qui reſulte de la comparaiſon des obſervations faites de part & d'autre le meſme jour.

M. Romer qui travailloit avec moy à ces obſervations, ſe chargea de les continuër de la meſme maniere aprés mon depart, qui fut le jour ſuivant, & de me les envoyer au plûtoſt, comme il fit. Cependant il calcula ſur ces obſervations les aſcenſions droites & déclinaiſons ſuivantes.

	Aſcenſion droite de Mars.	*Declinaiſon auſtrale.*
Septembre 24.	346^d 22′ 52″	11^d 7′ 34″
25.	346. 11. 20.	11. 6. 35.
Difference journaliere	11. 32.	0. 59.

A FONTAINEBLEAU ET A BRION.

Le 29 Septembre à 7′ 55″ du ſoir à Fontainebleau, Mars ſe voyoit en ligne droite avec la premiere & la ſeconde des trois ſuſdites dans l'eau d'Aquarius, dans laquelle il avoit paru depuis le 24, & ſa diſtance de la premiere à Mars à celle de ces deux étoiles entr'elles paroiſſoit comme 3 à 5. Le ciel ne me fut pas favorable pour faire d'autres obſervations.

Mais M. Picard qui eſtoit à Brion en Anjou, vit le bord precedent de Mars arriver au méridien avec la derniere de ces trois étoiles, & il dit que ce mesme bord estoit precedé de 1′ 1″ de temps par la moyenne. Il ne met donc que 1′ 1″ de temps entre la derniere & la moyenne, quoy que par nos observations faites plusieurs fois avant mon depart, ces deux étoiles nous parussent éloignées l'une de l'autre de 1′4″ qui est une de ces variations qui arrivent dans les observations des étoiles fixes. Il ajoûte que la moyenne estoit plus boreale de 4′ 25″ que le centre de Mars, dont le bord superieur a son passage par le meridien estoit élevé sur l'horizon de 31^d 31′ 15″, & que son diamétre estoit de 25″.

Donc l'étoile étoit élevée sur l'horizon de Brion de	31^d 35′ 4″½
Nous venions d'observer la hauteur méridienne de cette étoile à Paris de	30. 13. 55.
L'ayant comparée à ces observations & à la hauteur du pole de l'Observatoire de	48. 50. 10.
La hauteur du pole de Brion en résulte de	47. 28. 37.

C'est à dire 2′ 12″ plus grande que M. Picard ne la supposoit.

La hauteur du pole à Fontainebleau, que nous n'eusmes pour lors la commodité d'observer, fut depuis déterminée par les operations Geographiques de M. Vivier de 48^d 24′ ½ avec la difference du meridien de Paris à l'orient de 21 minute de degré.

A BRIARE.

Le premier Octobre à 2^h 45′ du matin à Briare, Mars vû par une lunette de 3 pieds sembloit toucher par son bord septentrionnal la ligne droite tirée par la premiere & par la seconde de l'eau d'Aquarius marqué ↓, d'où il n'estoit plus éloigné que de 6 minutes. Cette étoile paroissoit si diminuée & si affoiblie de lumiere, qu'on ne la pouvoit plus distinguer ni à la vûë simple, ni par une lunette un peu plus foible.

A COSNE SUR LOIRE,
Observation de la hauteur du pole.

Le mesme jour premier Octobre à Cosne sur la riviere de Loire, le bord superieur du Soleil, à son passage par le meridien, estoit

éloigné du zenit de	50^d 48′ 35″
D'où l'on calcula pour lors la hauteur du pole	47. 29. 55.
Mais je receus ensuite l'observation de la hauteur méridienne du Soleil faite à Paris le mesme jour par M. Romer, qui ne la donnoit pourtant pas pour trop exacte. Elle estoit de	37. 51. 50.
Donc la distance du zenit	52. 8. 10.
Qui excede celle de Cosne de	1. 19. 35.

Négli-

Négligeant la difference de quelques secondes à cause de la difference des meridiens, & ayant osté la difference de la hauteur du pole de

Paris corrigée, de	48d	50′	10″
reste la hauteur du pole de Cosne	47.	30.	35.

A LA CHARITÉ SUR LOIRE.

Observation de la hauteur du pole.

Le mesme jour premier Octobre aprés les 7 heures du soir le ciel s'estant un peu éclairci du costé du septentrion, j'observay la boreale des deux precedentes dans le quarré de la grande Ourse, qui a son passage par le meridien, estoit

élognée du zenit de	69d	14′	15″.
Suivant mes observations elle devoit estre eloignée du zenit de Paris au meridien de	67.	36.	30.
La difference d'un lieu à l'autre seroit	1.	37.	45.
Et supposant la vraye hauteur du pole à Paris,	48.	50.	10.
celle de la Charité resulteroit de	47.	12.	25.
Mars ayant paru à son passage par le meridien, sa distance du zenit fut trouvée de	58.	7.	15.
D'où on calcula pour lors la hauteur du pole de	47.	15.	
Mais je receus depuis les observations de M. Romer qui avoit observé le mesme jour à Paris, la hauteur meridienne du bord superieur de Mars de	30.	14.	5.
Donc la distance au zenit estoit	59.	45.	55.
Plus grande qu'à la Charité de	1.	38.	40.
L'ayant osté de la hauteur du pole de Paris de	48.	50.	10.
Reste la hauteur du pole à la Charité	47.	11.	40.

Eclipse de la moyenne ✢ dans l'eau d'Aquarius.

Quoy que le ciel fut alors assez beau de part & d'autre, & que l'on vist Mars pendant un assez long espace de temps, on ne vit point l'étoile moyenne, ✢ qui devoit estre cachée par son disque.

Le diametre de Mars estoit alors de			25″
Donc la hauteur du bord inferieur de Mars à Paris	30.	13.	40.
Ayant supposé la hauteur de la moyenne étoile	30.	13.	55.
le bord superieur de Mars seroit plus élevé de			10.
& l'inferieur moins élevé de			15.
Et le diametre de Mars seroit coupé par la parallele de cette étoile en raison de 10 à 15 ou de 2 à 3.			
Mais ayant supposé la hauteur de la mesme étoile de	30.	14.	0.
le bord superieur de Mars seroit plus élevé de			5.
& l'inferieur moins élevé de			20.

Et la parallele de la fixe couperoit le diametre de Mars en raison de 1 à 4

Les nuages qui survinrent ne permirent pas d'en voir la sortie ; & l'on ne sçait pas mesme si on l'auroit pû voir immediament, car trois quarts d'heures aprés le ciel s'estant découvert à Paris, M. Romer la chercha attentivement autour de Mars, & il ne la trouva qu'aprés l'attention de deux minutes, quand elle estoit déja éloignée du bord oriental de Mars de deux tiers de son diametre. C'estoit alors $11^h\ 15'$, & le parallele de l'étoile coupoit le diametre de Mars en raison de 2 à 3. Il commença de la voir sans difficulté quand elle estoit éloignée de Mars de 3 quarts de son diametre. A $11^h\ 27'$ il la vit éloignée d'un diametre entier, & il observa que le parallele de l'étoile coupoit le parallele de Mars en raison de 3 à 4.

Cette difficulté de voir cette étoile de la cinquiéme grandeur tres-proche de Mars est considerable, d'autant qu'il n'y a point de difficulté à voir des étoiles de la mesme grandeur jusqu'au bord de la Lune. Ce qui pourroit faire juger que Mars est environné de quelque atmosphere.

Le centre de Mars estoit donc encore plus meridional que l'étoile d'un quart de diametre dans la premiere observation, & d'un septiéme dans la seconde.

A proportion du chemin que Mars fit en 12 minutes d'heure, on trouve par le calcul que la conjonction dût arriver à $10^h\ 33'$ du soir du premier Octobre à Paris, & que le centre de Mars dût arriver au parallele de l'étoile à $11^h\ 57'$ minutes du soir, & que quand Mars estoit au méridien, il avoit esté coupé par le parallele de l'étoile en raison de 1 à 4.

Ainsi l'étoile ne devoit estre plus basse de 5 secondes que le bord superieur de Mars, & sa hauteur meridienne devoit estre à Paris de 30 degrez $14'\ 0''$, comme elle avoit esté observée le 5 Septembre, le mouvement fait depuis ce temps-là estant imperceptible ne montant pas à 2 secondes.

Ces observations immediates de la situation de Mars à l'égard du parallele de cette étoile à l'heure de la conjonction est de tres-grande importance, non seulement parce qu'elles nous font distinguer la meilleure des deux observations de la mesme étoile differentes entr'elles de 5 secondes, qu'il ne faut point negliger en une affaire d'une subtilité extrême : mais aussi parce qu'elles nous delivrent du doute, dans lequel nous auroit pu jetter quelque observation faite depuis, qui montre cette étoile un peu plus élevée, & le bord superieur de Mars moins élevé audessus de son parallele. Voicy le calcul que M. Romer tira des observations de ce jour & du precedent.

	Ascension droite de Mars.	*Declinaison boreale.*
Septembre 30	345^d 22′ 35″	11^d 3′ 10′
Octobre 1	345. 14. 59.	11. 0. 52.
Difference	7. 36.	2. 18.

M. Picard estant à Brion en Anjou, lieu plus occidental que Paris de 11 minutes de temps, observa le mesme jour à 7^h du soir, que le bord occidental de Mars passa environ 4″ de temps avant la moyenne ψ; & à 2^h 30′ aprés minuit que le bord oriental de Mars precedoit cette étoile de 6″ de temps. Le diametre de Mars passoit en 1″ $\frac{2}{3}$ Donc en 7^h 30′ la difference du passage de Mars fut de 11″ $\frac{2}{3}$, & par ces observations la conjonction de Mars avec l'étoile fixe seroit arrivée à 10^h 7″ c'est à dire 26 minutes plûtost que par le calcul precedent.

Bien loin de trouver cette difference considerable, il y a lieu d'admirer qu'elle soit si petite, puis qu'une demi seconde de difference dans le passage la peut produire, & M. Picard ne donnoit pas le premier passage pour bien exact.

Recherche de la parallaxe de Mars.

Le mouvement journalier tiré de la comparaison des observations de M. Picard du jour precedent 29. Septembre, avec celles du premier Octobre, fut environ de 30 secondes.

Depuis la derniere observation de M. Romer à 11^h 27 jusqu'à la derniere de M. Picard à 2^h 30, qui sont à Paris 2^h 41 il y eut 3^h 14′, qui en raison de 30″ par jour, donnent 4″, y adjoûtant 1′ $\frac{2}{3}$ pour le diametre de Mars dont le bord estoit éloigné de l'étoile à 11^h 26′, on a 5″ $\frac{2}{3}$, dont le bord oriental devoit preceder l'étoile fixe. M. Picard y trouva 6″ à un tiers de seconde prés de ce qui resulte de ce calcul, qui seroit l'argument de la parallaxe pour 3^h 16′ presque insensible.

M. Richer observa en Cayenne le premier Octobre à 10^h 25′ du soir le passage de Mars 2′ 7′ aprés la premiere des trois d'Aquarius, & 7′ aprés la moyenne. Mais voicy une chose étonnante: la difference entre la premiere étoile & la moyenne parût de 2′ 14″, au lieu que par le rapport de nos observations avec les siennes des jours precedens, elle n'estoit que de 2′ 9″ & quelquefois mesme de 2′ 8″; de sorte qu'il y a une difference entre divers passages de ces deux étoiles fixes de 5 à 6 secondes de temps. Cette difference augmenta encore le jour suivant, où elle parut de 2′ 18″.

Il y a une irregularité semblable dans les mouvemens journaliers de Mars avant & aprés sa conjonction avec cette étoile, neanmoins au jour de la conjonction il paroist de 29″ de temps,

Supposant que M. Richer ait observé le bord occidental comme les jours precedens & les suivans, la conjonction seroit arrivée en Cayenne 4^h $17'$ avant le passage de Mars au meridien, c'est-à-dire à	6^h $8'$
aprés midy, & ayant ajoûté la difference entre le meridien de Cayenne & de Paris	3. 39.
la conjonction seroit arrivée à Paris suivant les observations de Cayenne	9. 47.
Mais par les observations faites à Brion, elle arriva à Paris à	10. 7.
Et par celles de Paris	10. 35.
Les differences du temps de la conjonction en tout	48.

Toute cette difference ne dépend tout au plus que d'une seconde de temps dans le passage, dont il est bien malaisé d'éviter l'erreur.

La hauteur meridienne corrigée du bord superieur de Mars en Cayenne	74^d $7'$ $15''$
Et l'augmentation journaliere au jour precedent à Paris	2. 18.
Et l'augmentation journaliere au jour suivant en Cayenne	2. 50.
Qui par les observations du mouvement en 12 minutes, observé à Paris, se trouve de	1. 26.
La hauteur meridienne de la precedente des trois ψ le 7, 8, & 24 Septembre fut de	74^d $12'$ $40''$
Et par les observations choisies la moyenne ψ est plus meridionale que la precedente de	5. 45.
Donc la hauteur meridienne de la moyenne en Cayenne	74^d $6'$ $55''$
Elevation du bord superieur de Mars sur le parallele de l'étoile vûe de Cayenne	20.
C'estoit alors à Paris	14^d 4.
Et le parallele de l'étoile passoit par le centre de Mars	11^h 57.

Donc Mars passa par le meridien de Cayenne 2^h $7'$ aprés le passage du centre de Mars par le parallele de l'étoile.

Et pendant ce temps-là Mars à proportion du mouvement observé en 12 minutes s'éleva de $7'' \frac{1}{2}$ suivant les observations de Paris. Les ayant ajoûtées à la hauteur du bord superieur de Mars sur son parallele, à 11^h $57'$, laquelle estoit de $12'' \frac{1}{2}$, le bord superieur de Mars estoit élevé sur le parallele de l'étoile au parallele de Paris de $20''$, comme en Cayenne, en mesme temps.

Il ne paroist donc icy aucune parallaxe de Mars, & il ne peut y en avoir

avoir d'autre que celle qui peut venir des erreurs des obſervations. Nous ne voyons pas qu'il y puiſſe avoir d'erreur ſenſible dans l'obſervation de Paris, où le parallele de l'étoile fut comparé immediatement au diamétre perpendiculaire de Mars, & où M. Romer diſtingua entre la ſection en raiſon de 2 à 3, & de 3 à 4, entre leſquelles il n'y a que $\frac{1}{35}$ du diamétre de Mars, qui ne monte qu'à $\frac{5}{7}$ d'une ſeconde. On pourroit douter du mouvement horaire tiré de ces obſervations. Mais ſi nous employons celuy que l'on tire des obſervations de Cayenne, il en vient une erreur de 7″ ou 8″ contre la parallaxe, comme l'on trouve par le calcul. Nous ne nous ſervons icy que des differences des hauteurs ou des declinaiſons obſervées, dans leſquelles l'erreur eſt la moindre qui puiſſe arriver, puiſque l'erreur n'augmenteroit pas quand les inſtrumens ne ſeroient pas rectifiez, & quand dans les hauteurs totales ils manqueroient de degrez entiers. Et comme dans ces obſervations les hauteurs de Mars & des étoiles ſont égales à quelques ſecondes prés, il n'y a point de difference cauſée par les refractions, qui au deſſus de la lune ſont égales, quand les hauteurs apparentes ſont égales, quelque difference qu'il puiſſe y avoir dans l'éloignement des aſtres. Ainſi nous ne voyons pas qu'il y ait de maniere plus ſimple de chercher les parallaxes, que celle que nous venons de pratiquer.

La portion de la parallaxe de Mars de Paris à Cayenne en cette ſituation eſtoit à la parallaxe totale comme 59 à 100. Suppoſant que dans les obſervations il y eût un quart de minute d'erreur qui fiſt évanouïr la parallaxe de Mars de Paris à Cayenne, la parallaxe totale de Mars ſeroit de 25″, à peu aprés égale au diamétre apparent de Mars. Nous ne ſçaurions ſuppoſer une plus grande erreur en des obſervations faites avec un grand ſoin par des inſtrumens grands & exacts. Ainſi nous pouvons dire que la parallaxe de Mars ne ſçauroit eſtre plus grande que ſon diamétre apparent, comme nous l'avons trouvé dans le choix de pluſieurs obſervations qui eſtoient d'accord enſemble. Sans faire tort aux obſervations precedentes & ſuivantes, nous pouvons rejetter l'erreur de 15 ſecondes ſur la hauteur de Mars obſervée en Cayenne de 74^d 7′ 15″, laquelle eſtant augmentée de 15 ſecondes ſera de 74^d 7′ 30″, & les differences journalieres des hauteurs ſeront plus d'accord enſemble. Ce que l'on peut voir en comparant l'obſervation de M. Richer du premier Octobre avec celles qu'il fit avant & aprés, éloignées entr'elles d'un nombre égal de jours.

Nous avons auſſi comparé enſemble les paſſages de Mars & de ces étoiles fixes obſervées à Paris avec ceux qui furent obſervées en Cayenne, mais nous avons trouvé tant d'irreguralitez dans les paſſages obſervez en Cayenne les 4 premiers jours d'Octobre, que nous avons jugé qu'il y a des erreurs considerables dans les nombres. Ce qui nous a empesché de les employer dans une recherche qui demande une extrême exactitude dans les observations.

A TARARE.

Le 4 Octobre à 7^h 30′ du soir à Tarare Mars vû par les ouvertures des nuages parut plus proche de la premiere ↓, que de la seconde de $\frac{1}{25}$ de la distance de ces deux étoiles, & éloigné de $\frac{1}{8}$ de la mesme distance de la ligne droite tirée de l'une à l'autre, du costé du Septentrion.

Le mesme jour à Paris la hauteur meridienne du bord superieur de Mars	30^d 23′ 0″
Le 5 Octobre	30. 26. 35.
Et le 6 Octobre par le mesme instrument la hauteur meridenne de la premiere ↓	30. 20. 20.
En Cayenne le 4 Octobre la hauteur du bord superieur de Mars	74. 16. 5.
Et la hauteur de la mesme étoile ↓	74. 12. 40.

La methode que nous avons pratiquée cy-dessus donne une difference de parallaxe de Mars de 12″ $\frac{1}{2}$, d'où l'on calcule la parallaxe totale de 21″ $\frac{1}{5}$, & la distance de Mars à la terre de 9700 demidiametres de la terre, & celle du soleil à la terre de 21800 demidiametres de la terre, qui aproche de celle que nous avions trouvée proche de l'opposition de Mars avec le soleil de 22000 demidiametres de la terre. La difference de 1000 demidiametres de la terre en une si grande distance tirée d'une si petite parallaxe n'estant pas sensible.

Hauteur du pole.

Le reste de la nuit du 4 Octobre le ciel ayant esté couvert, nous ne pusmes faire pour lors aucune observation pour determiner la hauteur du pole de Tarare.

Mais au retour qui fut le 25 Novembre 1672, nous observasmes la hauteur meridienne de l'étoile polaire dans la partie superieure de son cercle de	48^d 20′
En ayant osté la distance de l'étoile polaire au pole qui estoit alors de	2. 27.
Reste la hauteur apparente du pole	45. 53.
Et en ayant osté une minute pour la refraction reste la vraie hauteur du pole de Tarare	45. 52.

A LION.

Le 6 Octobre M. Mouton, qui avoit observé pendant plusieurs années & par diverses methodes la hauteur du pole de Lion, me

communiqua celle qu'il preferoit aux autres de	45d 46' 20"

A THEIN EN DAUPHINE'.

Le 8 Octobre à Thein, hauteur meridienne de Mars	34d 22' 20"
Hauteur du pole à Thein	45. 7. 0.

A AVIGNON.

Messieurs Gallet & Beauchamp nous communiquerent la hauteur du pole d'Avignon, qu'ils avoient observée plusieurs fois de	43. 53. 0.

AU BAUSSET.

Le 16 Octobre au Bausset hauteur meridienne de Mars	37. 0. 40.
Hauteur du pole au Bausset	43. 12. 40.

AUX LESQUES.

Le 18 Octobre aux Lesques proche de la Cioutat hauteur meridienne du bord superieur du Soleil	37. 3. 20.
Hauteur du pole aux Lesques	43. 12. 50.

A NOSTRE-DAME DE LA GARDE *proche de Marseille.*

Le 20 Octobre le Soleil estant au meridien la distance de son bord superieur du zenit fut de	53. 42. 20.
D'où on calcula la hauteur du pole de	43. 15. 25.

AU MUT PRE'S DE FREJUS.

Le 23 Octobre le pied droit d'Orion estant au meridien fut trouvé distant du zenit de	52. 2. 20.
D'où on a tiré la hauteur du pole	43. 27. 20.
L'épaule droite d'Orion au meridien distante du zenit	36. 9. 0.
Et la hauteur du pole	43. 27. 0.
La plus occidentale des trois étoiles dans la ceinture d'Orion au meridien distante du zenit	43. 3. 0.
La hauteur du pole	43. 28. 0.
Le grand Chien au meridien distant du zenit	59. 44. 0.
La hauteur du pole	43. 28. 30.

A NICE.

Le 24 Octobre le Soleil estant au meridien la distance de son bord

ſuperieur au zenit fut de	59^d	44$'$	0$''$
& la hauteur du pole	42.	43.	5.
Le 25 Octobre la diſtance meridienne du bord ſuperieur du Soleil au zenit fut de	55.	54.	0.
La hauteur du pole	43.	42.	24.
Le 26 Octobre à midy diſtance meridienne du bord ſuperieur du Soleil au zenit	56.	14.	30.
D'où l'on calcula la hauteur du pole	43.	42.	25.

A TOULON.

L'onze Novembre l'étoile polaire eſtant au meridien ſa plus petite diſtance au zenit fut de	44.	24.	30.
D'où l'on calcula la hauteur du pole.	43.	7.	30.

A NOSTRE-DAME DE LA GARDE prés de Toulon.

Le 14 Novembre l'étoile polaire eſtant au meridien ſa moindre diſtance au zenit fut de	44.	33.	30.
La hauteur du pole	42.	58.	30.

Obſervations des baſſeſſes apparentes de l'horiſon de la mer vû de diverſes hauteurs ſur la montagne de Noſtre-Dame de la Garde de Toulon.

DIVERSES experiences faites dans l'Academie Royale avoient fait voir que les rayons viſuels qui ſe terminent à quelques objets éloignez ſur la ſurface de la terre ſouffrent une refraction qui les fait plier de ſorte, que ces objets paroiſſent élevez au deſſus de ceux qui ſont plus proches, plus qu'ils ne paroiſtroient ſans cette refraction : & les obſervations faites à l'Obſervatoire Royal montrent que ces refractions ont une grande irregularité, eſtant differentes à diverſes heures du meſme jour, & aux meſmes heures de differens jours, meſme au plus beau temps.

Cette irregularité de refractions rendroit douteuſe la methode de meſurer la grandeur d'un degré de la circonference de la terre par les obſervations horizantales, ſur laquelle principalement s'eſtoit fondé le P. Riccioli dans les operations qu'il fit ſur les montagnes de Bologne, d'où il meſura la baſſeſſe apparente de l'horizon ſenſible de la mer Adriatique. Ces obſervations luy donnerent le degré de la circonference de la terre plus grand environ d'une dixiéme partie de ce qui reſulte des obſervations de l'Academie Royale, ce qui a donné lieu de douter ſi les degrez de la circonference de la terre ne ſeroient pas inégaux. C'eſt pourquoy il eſtoit important de meſurer la baſſeſſe apparente de l'horizon de la mer vû de diverſes

ses hauteurs bien mesurées, & la comparer à celle qui resulte de la mesure de la terre établie dans l'Academie Royale.

Nous trouvasmes propre pour cette operation la montagne de Nostre-Dame de la Garde de Toulon, dont nous mesurasmes en un beau temps la hauteur sur la surface de la mer par le nivellement en 58 stations. Un quart-de-cercle placé dans la situation horisontale nous servoit de niveau, & estant ensuite dressé à l'horison de la mer nous montroit sa bassesse apparente, que nous observasmes de differentes hauteurs. Le nivellement fut commencé du sommet de la montagne, & les differences des hauteurs furent mesurées par une perche de 21 pied, que l'on faisoit porter & élever perpendiculairement en un lieu plus bas que le niveau de toute sa longueur, & d'où l'on ostoit la hauteur du niveau dans la station suivante, à la reserve de la derniere station, qui se termina au bord de la mer.

Nous avons calculé à ces differentes hauteurs les bassesses apparentes de l'horison, qui dans l'hypothese de la figure spherique de la terre résultent de la mesure établie sur les observations de l'Academie Royale des Sciences faites dans la campagne de Paris & d'Amiens. Elles se trouvent toûjours plus grandes que les bassesses observées, à la reserve de la derniere qui paroist égale; car 2 secondes de difference qui s'y trouvent n'estoient pas sensibles dans nostre instrument. Nous attribuons les differences entre les bassesses observées & les calculées, à la refraction, qui élevant les rayons visuels dressez à l'horizon de la mer, ne les faisoit pas paroistre si bas qu'ils auroient paru sans la refraction.

On voit par cette table que les refractions au dessous de 362 pieds ne diminuënt pas si regulierement qu'au dessus.

Si on calcule les mesmes bassesses apparentes par l'hypothese de la mesure de la terre du P. Riccioli, on n'y trouvera point les mesmes differences, & l'on verra qu'elles s'accordent assez bien aux bassesses observées, & particulierement dans la premiere, dans la 21, & dans la 49 station. Cet accord vient sans doute de ce que le P. Riccioli se fonda principalement sur les observations horisontales, qu'il crut exemptes des refractions dans le beau temps, & ausquelles il regla le choix des autres observations qu'il employa pour la mesme recherche.

D'où l'on peut inferer que les refractions dans la mer de Provence ne sont pas sensiblement differentes des refractions dans la mer Adriatique.

Dans ces trois observations la difference entre les bassesses observées, & les bassesses calculées est presque la 9e partie des observées & la 10e des calculées : ce qui peut servir d'une espece de regle pour reduire les bassesses apparentes de l'horison aux veritables, & reciproquement : quoy que la reduction ne se puisse pas faire exactement à cause de l'irregularité des refractions horisontales, qui varient sensiblement à diverses heures du jour, & tantost plus, tantost moins aux mesmes heures de differens jours, comme nous l'avons experimenté.

Observation de l'horison de la Mer.

Stations	Hauteur du niveau sur la surface de la Mer.		Bassesse apparente de l'horison de la Mer.		
Au sommet de la Montagne	*pieds*	*pouces*	′	″	
1	1083	10½	32	30	Observée.
			36	18	Calculée.
			3	48	Réfraction.
21	725	10	27	0	Observée.
			29	36	Calculée.
			2	36	Réfraction.
31	535	6	24	0	Observée.
			25	25	Calculée.
			1	25	Réfraction.
39	362	7½	19	45	Observée.
			20	54	Calculée.
			1	9	Réfraction.
43	270		15	0	Observée.
			17	1	Calculée.
			2	1	Réfraction.
59	175	2	13	0	Observée.
			14	41	Calculée.
			1	41	Réfraction.
58	9		3	20	Observée.
			3	18	Calculée.

J'avois fait à Bologne de ces sortes d'observations des bassesses de l'horison, dont quelques-unes sont rapportées par le P. Riccioli au cinquiéme livre de sa Geographie reformée : & les ayant examinées par la mesme methode que j'ay examiné celles que je fis à Toulon sur la mesme hypothese de la mesure de la terre trouvée dans l'Academie, je n'y trouve qu'un quart de minute de difference à la bassesse de 19 minutes ; au lieu que dans les observations de Toulon, à 19 minutes & 40 secondes, on y trouve 1 minute & 9 secondes.

Quoy que je fisse ces observations à Bologne avec un grand soin pour faire une experience sensible & facile d'une nouvelle methode de mesurer quelque petit arc de la circonference de la terre par deux stations faites dans la mesme tour, que la commodité du lieu me suggeroit, je ne pretendois point m'approcher du vray par cette methode autant que je vois l'avoir fait en comparant cette mesure avec celle de l'Academie.

Je faisois plus de fond sur les observations des étoiles verticales que j'avois faites à Bologne & à Ferrare, dont quelques-unes sont aussi rapportées par le P. Riccioli dans le mesme ouvrage. Par ces observations je trouvois entre les paralleles de ces deux villes, qui sont éloignez l'un de l'autre de 20 mille & demi de Bologne, deux minutes de plus que par les observations qui furent employées par le P. Riccioli dans sa mesure de la terre. L'on peut voir ce que cét auteur jugeoit d'une telle difference, à la fin du 36 chapitre du cinquiéme livre, où il l'indique sans me l'attribuër, à cause des grandes difficultez qu'il y trouvoit, ne voyant pas la maniere de l'accorder à ses dimensions. Mais j'ay depuis eû le plaisir de voir que ces observations s'accordent aux dimensions faites dans l'Academie Royale. Ce que je suis obligé de dire, pour oster l'occasion de l'erreur dans laquelle peuvent tomber ceux qui comparant ensemble les dimensions de l'Academie faites aux environs de Paris avec celles du P. Riccioli aux environs de Bologne, supposent que la difference qui se trouve entre les unes & les autres se doit attribuër à la difference des lieux où elles sont faites, & s'en servent pour prouver que les degrez de la circonference de la terre sont inégaux suivant leur diverse distance de l'équinoxial & des poles.

Observations de la variation de la hauteur du Barometre, faites sur la mesme montagne.

QUOY que M. Pascal eût déja fait de belles experiences sur la variation de la hauteur du vif-argent dans le Barometre transporté à diverses hauteurs d'une haute montagne; neanmoins parce que l'on n'avoit pris qu'en gros la difference des hauteurs des lieux où l'on avoit fait les experiences, j'avois souhaité de les faire en des hauteurs dont les differences fussent connuës exactement, pour pouvoir de là juger de la hauteur de l'air qui pousse le vif-argent, & le tient en équilibre.

Nous mismes donc le Barometre au pied de la montagne de Nostre-Dame de la Garde de Toulon en un endroit, où le vif-argent se tenoit précisement à la hauteur de 28 pouces; & l'ayant porté sur la montagne à la hauteur de 1070 pieds sur la station precedente, nous trouvasmes qu'il estoit descendu de 16 lignes, & un tiers. Ce qui est en raison de 65 pieds & demi pour ligne.

Nous avons obſervé pluſieurs fois avec Mrs Picard & Mariotte, qu'en 168 pieds de difference depuis la cave juſqu'à la plate-forme de l'Obſervatoire, le vif-argent dans le Barometre deſcendoit de 2 lignes & $\frac{2}{3}$. En raiſon de 65 pieds & demy pour ligne, en 168 pieds, qui ſont de la cave à la plate-forme de l'Obſervatoire, la deſcente du vif-argent auroit dû eſtre de 2 lignes & $\frac{5}{9}$: ce qui n'eſt pas ſenſiblement different de 2 lignes & $\frac{2}{3}$, la difference n'eſtant qu'un neuviéme de ligne qui eſt imperceptible dans ces ſortes d'obſervations, qui eſtant reïterées ne reüſſiſſent pas toûjours exactement de la meſme maniere. Si la deſcente du vif-argent dans le Barometre eſtoit en proportion de l'augmentation des hauteurs, les 28 pouces de hauteur du vif-argent qui ſe trouvent au bas de la montagne ſe reduiroient à rien à la hauteur de 3668 toiſes, qui ſeroit toute la hauteur de l'air qui preſſe ſur le vif-argent, & le fait monter à la hauteur de 28 pouces.

Mais ſuppoſé que l'air ſuperieur ſoit plus rare que l'inferieur, il faudra une plus grande variation de hauteur dans la partie ſuperieure de l'air, pour faire deſcendre le vif-argent dans le Barometre d'une ligne, que pour le faire deſcendre tout autant dans la partie inferieure. Ainſi la hauteur de l'air ſera plus grande de 3668 toiſes.

Cette hauteur eſt beaucoup plus grande que celle qui eſt neceſſaire pour repreſenter les obſervations des refractions des aſtres, ayant ſuppoſé qu'elles ſe faſſent par la rencontre d'une ſurface ſpherique d'un air homogene. Car pour les repreſenter aſſez bien, il ſuffit de ſuppoſer la hauteur de l'air de 2000 toiſes, & la proportion de la denſité de l'ether à celle de l'air comme 1000000 à 1000184.

Cela nous donna lieu de penſer qu'il ſe pouvoit faire que ce ne fut pas tout l'air comprimant les liqueurs qui cauſe la refraction des aſtres, mais quelque ſubſtance fluide qui n'occupe que la partie inferieure de l'air, & qui ſe termine par une ſurface ſpherique concentrique à la terre.

Puiſque les obſervations des refractions des aſtres faites juſqu'à preſent s'accordent aſſez bien à cette hypotheſe; il en faudroit faire d'autres avec une grande exactitude, tant au bord de la mer, que ſur les plus hautes montagnes, pour voir ſi les refractions obſervées à ces differentes hauteurs de l'air different entr'elles de la maniere que cette hypotheſe demande, car alors on pourroit conclure que cette ſubſtance refractive differente de celle de l'air eſt en effet dans la nature, au lieu que juſqu'à preſent cette ſubſtance ne doit paſſer que pour une invention commode pour le calcul des refractions, & équivalente aux diſpoſitions naturelles qui les cauſent.

LES

www.ingramcontent.com/pod-product-compliance
Ingram Content Group UK Ltd.
Pitfield, Milton Keynes, MK11 3LW, UK
UKHW022155260726
13993UKWH00005B/2382

9 782329 541778